AF509097

CATALOGUE

Des Ouvrages

Composant le Fonds de Musique

De J. Frey,

Artiste de l'Académie royale de Musique,
et Succ^r. de MM. Chérubini, Méhul, Kreutzer, Rode et Comp^{ie}.

A PARIS,
PLACE DES VICTOIRES, N° 8.

DE L'IMPRIMERIE DE FIRMIN DIDOT,
IMPRIMEUR DU ROI ET DE L'INSTITUT, RUE JACOB, N° 24.

TABLE ALPHABÉTIQUE

DES OEUVRES DE MUSIQUE CONTENUS DANS LE CATALOGUE DE J. FREY.

ALTO. Duos .... Page 6
Méthodes 6
Sonates 6

BASSE. Concertos 6
Divertissements 6
Duos 6
Pots-pourris 6
Sonates 6
Trios 6
Variations 6

BASSON. Concertos 11
Symphonies concertantes 11
Sonates 11

CHANT. Voyez VOCALE

CLARINETTE. Airs variés 11
Airs en recueil sans variations 11
Airs d'opéras en duo 11
Concertos 10
Contre-danses 11
Duos 10
Méthodes et gammes 10
Ouvertures 10
Quatuors 10
Symphonies concertantes 10
Sonates 11
Valses 11

COR. Concertos 11
Duos 11
Études 11
Symphonies concertantes 11
Sonates 11
Solos 11

ÉGLISE (MUSIQUE D') 4

FORTE-PIANO. Ballets 8
Batailles 8
Concertos 7
Contre-danses 8
Duos 7
Études et Exercices 7
Fantaisies 7
Méthodes 7
Marches 8
Nocturnes. *Voyez* Pièces de divers caractères.
Ouvertures 8
Pots-pourris 8
Pièces de divers caractères 8
Quintetti 7
Quatuors 7
Symphonies concertantes 7
Sonates à 4 mains 7
Sonates à 2 mains 7
Trios 7
Variations, divertissements et rondeau 7-8
Valses 8

FLUTE. Airs variés 10
Airs en recueil sans variations 10
Airs d'opéras 10
Concertos 10
Contre-danses 10
Duos 10
Fantaisies 10
Méthodes, Études et Gammes 9
Ouvertures 10
Quatuors 10
Symphonies concertantes 10
Sonates 10
Trios 10
Valses 10

FLAGEOLET. Airs connus en recueils 11
Contre-danses 11
Méthodes et Gammes 11
Valses 11

GUITARE. Duos 7
Méthodes 7
Sonates 7
Variations, Valses, Danses, Préludes 7

HARPE. Concertos 8
Duos 9
Études et Caprices 8
Fantaisies en duos, ou pour harpe seule 9
Méthodes 8
Mélanges. *Voyez* Pièces de divers caractères 9
Marches 9
Nocturnes. *Voyez* Pièces de divers caractères 9
Ouvertures 9
Pots Pourris. *Voyez* Pièces de divers caractères 9
Pièces de divers caractères 9
Symphonies 8
Sonates 9
Trios 8
Variations 9

HARMONIE. Airs et diverses harmonies 9
Marches 9
Ouvertures 9

HAUT-BOIS. Thèmes variés 9

MÉTHODES ou Ouvrages pour l'Instruction, et pour divers instruments 3-4

ORCHESTRE. Ouvertures 4
Parties séparées d'opéras 4

PARTITIONS. Opéras (d') 4
Ouvertures 4

PORTRAITS 22

SYMPHONIES CONCERTANTES pour divers instruments 5

TAMBOUR DE BASQUE. Méthode 11
Pièces diverses de Forté-Piano, avec accompagnement de tambour de basque 11

VIOLON. Airs variés 6
Airs en recueil sans variations 6
Airs d'opéras pour 2 violons 6
Caprices 5
Concertos 5
Contre-danses et Valses 6
Duos 5
Études ou Caprices 5
Méthodes 5
Ouvertures en quatuor 5
Ouvertures pour 2 violons 5-6
Quatuors 5
Symphonies concertantes 5
Sonates 6
Trios 5

VOCALE (MUSIQUE), FRANÇAISE, avec accompagnement d'orchestre.
Airs, Duos, Trios, etc., d'opér. 11-12
Airs et Scènes de concert 12

VOCALE (MUSIQUE), FRANÇAISE, avec accompagnement de forté-piano ou de harpe.
Airs, Duos, Trios, etc., d'opéras en recueil 12
Airs, Duos, Trios, etc., d'opéras détachés 12-13-14
Airs et Scènes de concert 14
Airs, Duos, Trios, détachés 14
Nocturnes à 2 voix 15
Romances par ordre alphabétique d'auteurs, avec des numéros correspondant à ceux des romances pour guitare. 16-17
Romances sans numéros et non gravées pour guitare 18

VOCALE. ITALIENNE. Airs en recueil et détachés avec traduction française 15
Nocturnes à deux voix, avec traduction française 14-15

VOCALE FRANÇAISE. Avec accompagnement de guitare ou de lyre.
Airs, Duos, Trios d'opéras 19
Romances et Nocturnes par ordre alphabétique de premières paroles, et numéros correspondants à ceux des romances pour forté-piano. 20-21
Romances sans numéros et non gravées pour le forté-piano. 22

VOCALE ITALIENNE. Airs en recueil 19

Supplément, page 23.

CATALOGUE

De Musique Vocale et Instrumentale,

Composant le Fonds de J. Frey,

Artiste de l'Académie Royale de Musique, Successeur de MM. Chérubini, Méhul, Kreutzer, Rode & Cie, à Paris, place des Victoires, N° 8.

Nota. Indépendamment de la musique portée sur ce catalogue, on trouvera aussi au même Magasin toute espèce de Musique ancienne et moderne, française et étrangère.

MM. les amateurs qui résident dans les villes où il n'y a point de marchand de musique, peuvent adresser directement leurs demandes au Magasin de J. Frey, en affranchissant leurs lettres; ils recevront l'envoi de toute espèce de musique franc de port, pourvu que l'œuvre demandé soit au moins au-dessus du prix marqué de 6 fr.

Il fait également les envois pour l'étranger.

Il tient aussi le Dépôt de Musique de M. SIMROCK de Bonn sur le Rhin.

Il vend et loue des instruments, tels que Violons, Forté-Pianos, Harpes, Guitares, Flûtes, etc., etc.; et tient aussi un assortiment complet de Cordes de Naples, première qualité, et généralement tout ce qui est relatif à l'art musical.

Méthodes ou Ouvrages

POUR L'INSTRUCTION.

COMPOSITION.

		fr.	c.
AIMON.	*Étude élémentaire de l'harmonie*, ou nouvelle méthode, composée de 28 cartes, pour apprendre, en très-peu de temps, à connaître tous les accords et leurs principales résolutions; ouvrage agréé par Grétry	9	
PLANE.	Douze leçons d'harmonie.	15	

VIOLON.

		fr.	c.
DURIVAGE.	*Étude* ou caprice	3	
GAVINIÉS.	Dern^{re} *étude* p^r violon seul.	3	
HENRI.	*Études* connues en deux livres (nouvelle édition, mise en trois livres), adoptées par M. Kreutzer pour l'exercice de ses élèves de l'école royale :		

Suite des OUVRAGES P^r L'INSTRUCTION.

VIOLON.

		fr.	c.
HENRI.	1er, contenant des gammes variées dans les 22 tons les plus usités depuis ut majeur jusques et inclus sol dièse mineur	9	
——	2e, contenant des thêmes variés dans les 22 tons les plus usités, depuis ut majeur jusques et compris sol dièse mineur	9	
——	3e, étude de la double corde, composée de gammes et caprices dans les 22 tons les plus usités, depuis ut majeur jusques et inclus sol dièse mineur	9	
KREUTZER.	40 *Études* ou caprices (nouvelle édition)	15	
LECARPENTIER.	Gamme en feuille ou méthode	1	50
MARTINN.	*Méthode* élémentaire, nouvelle édition, contenant les principes de musique, la manière de tenir le vio-		

Suite des OUVRAGES P^r L'INSTRUCTION.

VIOLON.

		fr.	c.
	lon, toutes les gammes, six airs variés et six duos, avec un ajouté pour l'exercice des positions du démancher	12	
RODE.	24 *Caprices* en forme d'études dans les 24 tons de la gamme, op. 22	12	
WOLDÉMAR.	6 *Rêves* ou caprices pour violon seul, contenant, Objet de mon Amour de Gluck, varié, et le Fandang.	3	

ALTO.

		fr.	c.
MARTINN.	*Méthode* élémentaire	6	

GUITARE.

		fr.	c.
FAUVEL.	*Gamme* ou manche à six cordes	1	50

FORTÉ-PIANO.

		fr.	c.
CRAMER.	*Études*, 2e suite, en 42 exercices	18	
RIEGER.	*Gammes doigtées* dans les tons majeurs et mineurs, op. 20	3	

(4)

Suite des Ouvrages p[r] l'Instruction.

FORTÉ-PIANO.

		fr.	c.

RIEGER. *Méthode analytique*, op. 19, en 3 parties :

—— 1re, contenant les principes généraux théoriques et pratiques, ainsi que 43 exercices et préludes pour les commençants.

—— 2e, études pour les élèves plus avancés, renfermant, outre les exercices, 149 traits divers tirés des meilleurs ouvrages classiques.

—— 3e, des morceaux choisis parmi les plus célèbres auteurs du siècle.

    Chaque partie se vend séparément 15

    Et les trois réunies. . . . 36

—— *Études* composées seulement des 149 traits divers tirés parmi les meilleurs ouvrages classiques des auteurs énoncés ci-dessus, op. 22 . . 12

—— *Études* ou morceaux choisis parmi les plus célèbres auteurs du siècle, tels que MM. Adam, Beethoven,

Suite des OUVRAGES P[r] L'INSTRUCTION.

FORTÉ-PIANO.

Clémenti, Cramer, Dusseck, Hummel, Mozart, Mozin, le prince de Prusse, Rigel, Ries, Rieger, Steibelt, Wolff, etc., op. 23. 15

    Nota. Ces pièces sont les mêmes que dans la 3e partie de la méthode de cet auteur.

HARPE.

PLANE. *Principes* par J.-B. Krumpholtz, avec des exercices et des préludes d'une difficulté graduelle recueillis par Plane. 12

—— *Études*, 1er cahier. 4

—— *Id.* . . . , 2e *id.* 4

—— *Id.* . . . , 3e *id.* 4

FLUTE.

GEBAUER. *Soixante leçons* méthodiques, nouvelle édition, avec principes élémentaires ajoutés, ainsi que gammes à clefs et cadences. . 12

—— *Gamme* en feuille ou méthode. 1 50

Suite des OUVRAGES P[r] L'INSTRUCTION.

CLARINETTE.

		fr.	c.

GEBAUER. *Soixante leçons* méthodiques, nouvelle édition, avec principes élémentaires et gammes ajoutés. . . 12

—— *Gamme* en feuille ou méthode. 1 50

COR.

F. DUVERNOY. *Études* pour le cor, faisant suite aux premières leçons, et suivies de trois sonates avec accompagnement de basse, op. 23. . . 12

FLAGEOLET.

FARRENC. *Gamme* en feuille ou méthode. 1 50

TAMBOUR DE BASQUE.

FREY. *Méthode* ornée de gravures, par le moyen de laquelle on peut, sans secours étranger, se mettre en état d'accompagner toute espèce de musique, telle que les bacchanales de Steibelt et autres auteurs. 6

Musique d'Église.

		fr.	c.

MORISOT. O salutaris hostia, à trois voix, avec accompagnement de flûte, cor, basson. 1 80

~~~~~~~

Partitions.

OPÉRAS EN PARTITIONS.

(Voyez pour les parties séparées pag. 4, 3e col.)

		ACTES.	fr.	c.
BATTON.	La Fenêtre secrète. . . .	3	60	
CHÉRUBINI.	Anacréon, ou l'Amour fugitif.	2	50	
ÉLER.	L'Habit du chevalier de Grammont.	1	40	
KREUTZER.	Aristippe	2	60	
——	François Ier.	2	40	
KREUTZER et SOLIÉ.	Franc Breton	1	36	
KREUTZER.	Jadis et Aujourd'hui. .	1	40	
——	L'Homme sans façon. .	3	60	
——	Paul et Virginie.	3	40	
KREUTZER et NICOLO.	Petit Page.	1	36	

Suite des OPÉRAS EN PARTITIONS.

		ACTES.	fr.	c.
MOZART.	Le Nozze di Figaro, texte italien, et traduction française. . . .	4	60	
NICOLO.	Confidences	2	40	
——	Déjeûner de garçons. .	1	40	
——	Intrigue aux fenêtres. .	1	40	
——	Léonce ou le fils adoptif.	2	40	
——	Michel-Ange.	1	40	
——	Médecin turc.	1	40	
——	Ruse inutile.	2	40	
PERSUIS.	Jérusalem délivrée. . . .	5	60	
BERTON . . . KREUTZER . MÉHUL. . . . PAER	L'Oriflamme	1	60	

OUVERTURES EN PARTITIONS.

CHÉRUBINI. Anacréon, ou l'Amour fugitif. 7 50

MOZART. Le Nozze di Figaro. 7 50

~~~~~~~

Orchestre.

PARTIES SÉPARÉES D'OPÉRAS.

		fr.	c.
BATTON.	La Fenêtre secrète.	50	

Suite des PARTIES SÉPARÉES D'OPÉRAS.

		fr.	c.
KREUTZER.	François Ier.	36	
——	Franc Breton	30	
——	Jadis et Aujourd'hui.	30	
——	L'Homme sans façon.	40	
NICOLO.	Confidences	36	
——	Déjeûner de garçons.	36	
——	Intrigue aux fenêtres.	36	
——	Léonce, ou le Fils adoptif.	40	
——	Michel-Ange	40	
——	Médecin turc.	40	
——	Ruse inutile.	40	

OUVERTURES-ORCHESTRE.

		fr.	c.
CHÉRUBINI.	Anacréon.	9	
——	Faniska.	9	
——	Hôtellerie portugaise.	9	
——	Prisonnière.	9	
KREUTZER.	Baiser et Quittance.	7	50
——	François Ier.	7	50
——	Franc Breton	7	50
——	Jadis et Aujourd'hui.	7	50
——	L'Homme sans façon.	7	50
NICOLO.	Déjeûner de garçons.	7	50
——	Intrigue aux fenêtres.	7	50
——	Léonce, ou le Fils adoptif.	7	50
——	Michel-Ange.	7	50
——	Médecin turc.	7	50
——	Ruse inutile.	7	50
WINTER.	Marie de Montalban	7	50

Symphonies concertantes.

DIVERS INSTRUMENTS.

		fr.	c.
BRAUN.	Pour 2 cors en mi majeur.	9	
KREUTZER.	2e lettre A pour 2 violons en mi majeur.........	9	
——	2e lettre A pour 2 pianos.	9	
MARTINN.	1re ..... pour flûte, hautbois, basson..........	9	
——	1re ..... pour 2 flûtes et basson..............	0	
——	1re ..... pour flûte, clarinette, basson........	9	
RIEGER.	1re ..... pour piano et violon, op. 8..........	12	

~~~~~~

Musique pour le Violon.

MÉTHODES, ÉTUDES ET CAPRICES.

		fr.	c.
DUBIVAGE.	Étude ou caprices.......	3	
GAVINIÈS.	Dernière étude pour violon seul..................	3	
HENRY.	Études (nouvelle édition, en 3 livres) adoptées par M. Kreutzer pour l'exercice de ses élèves de l'école royale,		
——	1re, contenant des gammes variées dans les 22 tons les plus usités, depuis ut majeur jusques et inclus sol dièse mineur........	9	
——	2e, contenant des thèmes variés dans les 22 tons les plus usités, depuis ut majeur jusques et compris sol dièse mineur.......	9	
——	3e, étude de la double corde, composée de gammes et caprices dans les 22 tons les plus usités, depuis ut majeur jusques et inclus sol dièse mineur........	9	
KREUTZER.	40 études ou caprices, nouvelle édition............	15	
LECARPENTIER.	Gamme en feuille, ou méthode.............	1	50
MARTINN.	Méthode élémentaire, nouvelle édition, contenant les principes de la musique, la manière de tenir le violon, toutes les gammes, 6 airs variés et 6 duos, avec un ajouté pour l'exercice des positions du démancher............	12	

Suite du VIOLON.

MÉTHODES, ÉTUDES ET CAPRICES.

		fr.	c.
RODE.	24 caprices en forme d'études dans les 24 tons de la gamme, op. 22.......	12	
WOLDÉMAR.	6 rêves ou caprices pour violon seul, contenant, Objet de mon Amour, de Gluck, varié, et le Fandango..............	3	

SYMPHONIES CONCERTANTES.

KREUTZER.	2e lettre A pour deux violons, en mi maj........	9	

CONCERTOS.

AUBER.	1er, en ré maj..........	9	
DUFRÊNE.	4e, en la min..........	9	
KREUTZER.	A.... ré maj..........	9	
——	B.... mi maj..........	9	
——	C.... la maj..........	9	
——	D.... mi min..........	9	
——	E.... sol maj..........	9	
——	F.... mi min..........	9	
LIBON.	2e.... ut maj..........	9	
RODE.	7e.... la min., op. 8....	9	
——	8e.... mi min., op. 11....	9	
——	9e... ut maj., op. 17....	9	
——	10e... si min., op. 19....	9	
VIOTTI.	A.... mi maj..........	9	
——	B.... la min..........	10	
——	C.... sol maj..........	9	
——	D.... si min..........	10	
——	E.... la min..........	9	
——	F.... si bémol maj.....	9	
WOLDÉMAR.	1re.. la min..........	9	
——	2e.... mi maj..........	9	
——	3e.... ré min..........	9	

QUATUORS.

AIMON.	3 quatuors dédiés à Boucher.......... 4e livre.	9	
——	Collection des 12 nouveaux quatuors en 4 livraisons,		
——	1re, sous le titre de 5e livre.	9	
——	2e, id.......... 6e livre.	9	
——	3e, id.......... 7e livre.	9	
——	4e, id.......... 8e livre.	9	
HAYDN.	2 quatuors, op. 77......	7	50
KREUTZER.	3 livre.................	12	
MOZART.	Tirés des sonates piano, op 2..................	9	
MONIOT.	Un seul en mi bémol, n° 1.	5	
RODE.	1re, 2e, 3e, connus, op. 14, 15, 16, réunis en 1 seul livre, intitulé Sonates brill.	12	
ROUX.	Un seul en si bémol, 1re livraison..............	4	50
VIOTTI.	3 quatuors, lettre A.....	9	

Suite du VIOLON.

OUVERTURES EN QUATUORS.

		fr.	c.
NICOLO.	Confidences............	3	
——	Michel-Ange...........	3	
——	Médecin turc...........	3	

TRIOS A DEUX VIOLONS ET BASSE.

DEMONCHY.	1er trio concertant, dédié à Habeneck............	4	50
KREUTZER.	1er livre, ou lettre A....	9	
——	2e id...., ou..... B....	9	
MAZAS.	1er id., op. 4, pour 2 violons (basse ou alto)....	9	
VIOTTI.	Op. 17.................	9	
——	Op. 18.................	9	
——	Op. 19.................	9	

DUOS.

		fr.	c.
BRUNI.	Trois duos, op. 9........	7	50
DE MAISONVILLE, aveugle.	} Op. 1er, dédié à } Kreutzer aîné...	7	50
FRANCISQUE.	Trois duos faciles, et le dernier pouvant s'exécuter en trio par le moyen d'une partie de basse ajoutée, 1er livre..........	5	
GASSE.	2e livre, faciles..........	6	
——	3e id....id.............	6	
——	4e grand duo concertant..	7	50
KREUTZER.	Lettre D................	6	
MARTINN.	Op. 8, faciles...........	6	
——	« 14, grands duos......	7	50
——	« 15, faciles...........	6	
——	« 17, grands duos......	7	50
——	« 18, faciles...........	6	
——	« 19, id., tirés de la méthode..................	6	
——	« 21, faciles...........	6	
——	« 22, id..............	6	
——	« 23.................	6	
MOLINO.	Lettre A...............	7	50
PERRET.	Op. 1er................	7	50
RODE.	2e livre, op. 18.........	7	50
VIOTTI.	Op. 6.................	6	
——	« 7.................	6	
——	« 19.................	7	50
——	« 20.................	7	50
——	« 21.................	7	50
——	« 22.................	7	50

OUVERTURES EN DUOS
POUR DEUX VIOLONS, à 1 fr. 80 c.

—— Anacréon.
—— Aristippe.
—— Baiser et Quittance.
—— Caravane.
—— Chevalier de Grammont,
—— Confidences.
—— Démophon.
—— Hôtellerie portugaise.
—— Intrigue aux fenêtres.
~~~~~~

Suite du VIOLON.

OUVERTURES EN DUOS, 1 fr. 80 c.

VIOTTI. Jadis.
—— Iphigénie en Aulide.
—— Léonce.
—— Marie de Montalban.
—— Michel-Ange.
—— Médecin turc.
—— Prisonnière.
—— Petit Page.
—— Ruse.

DUOS D'AIRS D'OPÉRAS
ET EN POT-POURRI.

		fr.	c.
——	Airs des Confidences.....	6	
——	Id. Intrigue...........	5	
——	Id. Léonce...........	5	
——	Id. Médecin turc.......	6	
——	Id. Michel-Ange.......	6	
——	Pot-pourri des airs de Michel-Ange...........	3	

SONATES.

		fr.	c.
KREUTZER.	A, faciles..............	7	50
——	B, id.	7	50
MARTINN.	Op. 20, faciles, 1er livre..	5	
——	Id. 20, id...., 2e livre..	5	
PUGNANI.	Op. 6, nouvelle édition, avec le portrait de l'aut'.	7	50
VIOTTI.	A....................	7	50
——	B....................	7	50

VARIATIONS.

BERNARD. 3 thèmes, avec accompagnement de violon, alto et basse 7 50
DUFRESNE. 3e pot-pourri, avec accompagnement de violon, alto et basse............ 3
DURIVAGE. Air varié (Lise chantait dans la prairie), avec accompagnement d'un 2e violon, alto et basse.......... 3
HABENECK aîné. Vive Henri IV, avec accompagnement de deux violons, alto et basse... 6
KREUTZER aîné. Montanyas regaladas, air des paysans du Canigou, avec accompagnement d'orchestre............ 6
MAZAS. 1er thème, avec accompagnement d'orchestre, de quatuor ou de forté-piano. 7 50
—— 1re fantaisie, id........ 6
MARTINN. 1er livre pour 2 violons, tirés de la méthode..... 6
RODE. Thème varié en sol majeur, op. 9, et un andante en la mineur, op. 18, réunis en un seul livre, formant les nos 1 et 2 des airs variés, avec accompagnement de violon, alto et basse (ou accompagnement de forté-piano seulement)...... 6

Suite du VIOLON.

VARIATIONS.

RODE. 3e Thème varié, en mi maj., avec accompagnement d'orchestre (instruments à vent ad libitum, ou avec accompagnement de forté-piano seulement), op. 10................ 7 50
—— 4e thème varié, en la majeur, avec accompagnement d'orchestre (instruments à vent ad libitum, ou avec accompagnement de forté-piano seulement), op. 21................ 9
—— 5e thème varié, en ré maj., avec accompagnement de violon, alto et basse (ou accompagnement de forté-piano seulement), tiré des quatuors, op. 14. 15, 16. 6
WACHER. Pour toi, romance variée, avec accompagnement d'un violon ad libitum...... 3 50

AIRS EN RECUEILS
SANS VARIATIONS.

LECARPENTR. N° 1, pour 1 ou 2 violons. 1 50
—— N° 2, id............. 1 50
—— N° 3, id............. 1 50

CONTRE-DANSES
ET VALSES.

BAUDOUIN, Chef d'orchestre à Tivoli. 1er recueil, contredanses et valses pour 2 violons. 3 75
—— 6e id. avec accompagnement de violon, alto et basse ad libitum...... 3 75

~~~~~~~~

Musique

POUR LA BASSE OU VIOLONCELLE.

CONCERTOS.

		fr.	c.
BAUDIOT.	1er, en ré min..........	9	
——	2e, en la min..........	9	
BERGER.	3e, en ré maj.........	9	
V. FENZI.	1re, en ré min.........	9	
HUS-DESFORGE.	4e, en mi min........	9	

TRIOS

Pour violoncelle obligé, avec accompagnement de violon et basse.

BERGER. 1er œuvre de trois réunis connus, 1er, 2e, 3e..... 9
—— 2e œuvre de trois réunis connus, 1, 2, 3e livre... 9

Suite de la BASSE.

DUOS
POUR 2 VIOLONCELLES.

		fr.	c.
BERGER.	Op. 39, 1re livraison.....	7	50
——	Id..id..2e livraison.....	7	50
DANZI.	24 duos faciles sur des airs de Mozart............	6	
LINDLEY.	3 duos, 1er livre........	7	50
LAGNEAU.	Duos faciles, op. 5......	7	50
PORTA.	6 duos très-faciles, 1er livre................	7	50

SONATES ET SOLOS.

BERGER. Sonates, œuvre A, composé de 3 réunis, connus 1er, 2e, 3e livre............ 7 50
—— Sonates, œuvre B, composé de 3 réunis connus, 1er, 2e, 3e livre............ 7 50
LINDLEY. Solos ou sonates faciles sur la clef de fa............ 6

VARIATIONS,
POTS-POURRIS ET DIVERTISSEMENTS.

BAUDIOT. 1er pot-pourri, op. 4, avec accompagnement de deux violons, alto et basse.... 7 50
C. BAUDIOT et C. PLEYEL. Thème varié pour piano et violoncelle obligé ou violon................ 6
BERGER. Charmante Gabrielle, avec accompagnement du quatuor, d'une basse, ou de forté-piano........... 6
—— Vive Henri IV, avec accompagnement de violon et basse, ou de basse seulement.............. 4 50
V. FENZI. Air varié, 1er livre, avec accompagnement de violon et alto 3
LAGNEAU. Cantabile tiré de l'œuvre 76e d'Haydn varié, avec accompagnement de forté-piano ou basse, op. 4. 4 50
STIASTNY. Divertissement pour violoncelle principal, avec accompagnement d'alto et basse, op. 3........ 6

~~~~~~~~

Musique pour l'Alto.

MÉTHODES.

		fr.	c.
MARTINN.	Méthode élémentaire....	6	

DUOS.

MARTINN.	Op. 24, faciles pour deux altos, 1er livre........	6
——	Op. id. id...id. 2e livre.	6

SONATES.

—— 1er livre, pour alto..... 5

Musique

POUR GUITARE OU LYRE.

		fr. c.
A***.	*Gamme* et principes, en feuille.	1 50
CARULLI.	Divertissement pour guitare seule, op. 85.	4 50
———	Étrennes aux graces. Recueil contenant 10 préludes, contredanses avec figures, valses, et trois airs variés (ouvrage facile et brillant), op. 93.	6
CARPENTRAS.	Variations pour guitare seule sur la romance de l'opéra de Joseph (*A peine au sortir de l'enfance*).	1 50
LHOYLE.	3 duos concertants pour 2 guitares. op. 34.	9
———	Sonate pour guitare seule, op. 12.	2 40
LINTANT.	Sonates progressives, avec accompagnement d'alto.	4 50
———	10 airs variés pour guitare seule.	3 75

Musique

POUR FORTÉ-PIANO.

GAMMES ET MÉTHODES,
ÉTUDES ET EXERCICES.

		fr. c.
CRAMER.	*Études*, 2e suite en 42 exercices.	18
RIEGER.	*Gammes doigtées* dans les tons majeurs et mineurs, op. 20.	3
———	*Méthode analytique*, op. 19, contenant trois parties	
———	La 1re, les principes généraux, théoriques et pratiques, ainsi que 43 exercices et préludes pour les commençants.	
———	La 2e, étude pour les élèves plus avancés, renfermant outre les exercices, 149 traits divers, tirés des meilleurs ouvrages classiques.	
———	La 3e, des morceaux choisis parmi les plus célèbres auteurs du siècle.	
	Chaque partie se vend séparément.	15
	Et les 3 réunies.	36
RIEGER.	*Études*, composées seulement des 149 traits divers tirés des meilleurs ouvrages classiques des au-	

Suite du FORTÉ-PIANO.
ÉTUDES ET EXERCICES.

		fr. c.
	teurs énoncés ci-dessous, op. 22.	12
RIEGER.	*Études* ou morceaux choisis parmi les plus célèbres auteurs du siècle, tels que MM. Adam, Beethoven, Clémenti, Cramer, Dusseck, Hummel, Mozart, Mozin, L. F., prince de Prusse, Rigel, Ries, Rieger, Steibelt, Wolff, etc., op. 23.	15

Nota. Ces pièces sont les mêmes que dans la 3e partie de la méthode de cet auteur.

SYMPHONIES CONCERTANTES.

		fr. c.
KREUTZER.	Pour 2 forté-pianos, lettre A, en mi maj.	9
RIEGER.	1re, pour forté-piano et violon, op. 8.	12

CONCERTOS.

		fr. c.
RIEGER.	2e, op. 9, en si bémol.	9
VIOTTI.	Lettre A, par Nicolo, en mi maj.	9
———	Lettre B.....id., la min.	9

QUINTETTI.

		fr. c.
DUSSECK.	Pour forté-piano, violon, alto, violoncelle et basse, op. 11, 41 ou 47.	9

QUATUOR.

		fr. c.
DUSSECK.	Pour forté-piano, violon, alto et basse, op. 46.	9

TRIOS.

		fr. c.
CHÉRUBINI.	Pour piano, violon et basse, tirés de l'œuvre 17 de Viotti.	10 20
DOUBLEN.	Op. 4, pour piano, violon et basse.	5
RASETTI.	1re, pour piano, violon ou flût., bass. ou basson, en fa	6
———	2e, id..id..en ut	6
———	3e, id..id..id. en si bémol	6
RIEGER.	1re, op. 3, id. en fa maj.	9

DUOS ET SONATES à 4 MAINS.

		fr. c.
DOUBLEN.	Duo pour piano et harpe, sur un thème de Dom Juan.	6
DUSSECK.	Grand duo en mi bémol.	6
KOZELUCK.	Sonate à 4 mains, op. 19, en fa maj.	4 50
MOZART.	Le Maître et l'Élève.	4 50
RIEGER.	4e Nocturne, op. 5.	9
———	Mélange facile, op. 21.	4 50
REITTINGER.	6 Sonates faciles, estimées particulièrement pour l'intelligence et la mesure	5

Suite du FORTÉ-PIANO.
SONATES.

		fr. c.
ADAM.	Op. 12, accompagnement de violon, ou flûte, et basse, *ad libitum*.	7 50
BERG.	Sonate avec accompagnement de violon ou flûte.	6
BEETHOVEN.	Op. 17, avec cor ou basse.	4 50
———	Op. 30 { 1er liv., en ut min.	5
	{ 2e id. en la maj.	5
	{ 3e id. en sol maj.	5
CLEMENTI.	Op. 21, avec accompagnement de violon ou flûte, *ad libitum*.	7 50
———	Op. 22,..id..id..id..	7 50
———	Op. 33, où se trouve la grande sonate en ut maj.	9
CRAMER.	Op. 8.	6
DOUBLEN.	Op. 5, avec violon ou flûte	9
DUSSECK.	Op. 24, avec violon ou flûte et basse.	9
———	Op. 31, faciles.	9
GUSTAVE.	Op. 2.	6
L. JADIN.	8e livre de Sonates, avec violon ou flûte, et basse.	9
KREUTZER.	De Psyché, par Nicolo.	5
LATOUR.	Op. A, très facil. et doigtées	6
MOZART.	Op. 2, { 1re partie.	9
	{ 2e partie.	9
NICOLAI.	Op. 11e, faciles.	9
RIEGER.	Op. 10, id., avec préludes	7 50
STEIBELT.	Op. 35, violon *ad libitum*	9
———	Op. 37,..id....id.....	9
———	Op. 39, avec violon, ou flûte, *ad libitum*.	9
———	Op. 41, faciles.	4 50
———	Op. 42, ou 45, faciles.	7 50
———	Op. 69, avec violon obligé ou violoncelle ou basson	7 50
———	Op. 70.	4 50
WOLF.	Op. 27, avec viol. ou flûte	9

FANTAISIES.

		fr. c.
CALLAULT.	Sur la romance de l'opéra de Joseph : *A peine au sortir de l'enfance*.	5
HUMMEL.	Grande fantaisie, op. 18.	6
RIEGER.	1re fantaisie, sur l'air : *Partant pour la Syrie*, op. 12.	6
———	2e fantaisie, sur l'air : *Vive Henri IV*, op. 16.	6
———	3e fantaisie, sur l'air de Calpigi, op. 25.	6

VARIATIONS, DIVERTISSEMENTS ET RONDOS.

		fr. c.
BEETHOVEN.	Op. 34, var.	3
———	Op. 35, *id.*	5
BITTERMANN.	L'agréable Souvenir, 9 var.	6
CORNU.	Op. 3, *Vive Henri IV*.	4 50
———	Op. 4, sur le chœur d'Iphigénie : *Que d'attraits! que de majesté!*	5
———	Op. 6, *Charm. Gabrielle*.	4 50

Suite du FORTÉ-PIANO

VARIATIONS, DIVERTISSEMENTS ET RONDOS.

		fr.	c.
CORNU.	Op. 8, sur la romance de Nina : *Quand le bien-aimé reviendra*	5	
CHAULIEU.	Op. 2, sur un air allemand.	5	
CRAMER.	Étrennes aux Graces, variations sur un thême de Dom Juan	4	5o
——	La Réunion, variations sur le thême en sol de Rode.	4	5o
——	Le Songe de Rousseau	4	5o
——	Le Carillon, rondo	3	
——	Les Menus-Plaisirs (divertissement)	4	5o
DALPI.	Op. 1er, sur un air allemand	3	
ÉTIENNE.	Op., thême varié	3	
GELINECK.	N° 2 ou 17, air : *Nel core, della Molinara*	3	
——	N° 4, valse du cor de poste variée	3	
——	N° 10 ou 5o, valse de Hummel	3	
——	N° 36, Tyrolienne	3	5o
——	N° 6o, air du chalumeau de la famille suisse	3	75
——	N° 67, valse de la reine de Prusse	4	5o
HUMMEL.	*God save the king*	3	
M***.	Le petit Favori, rondeau facile et brillant	3	
M***.	La petite surprise, divertissement facile et brill.	3	
MOZART.	*Unser dummer Pœbel meint, et zu Steffen sprach im Traume*, réunis	7	5o
NECRLL.	Air allemand, op. 1er	6	
NICOLO.	Air de Léonce	4	5o
RIEGER.	Gentil hussard, ou la hongroise, op. 14	6	
——	Op. 4, rondeau pastoral, avec accompagnem. d'orchestre *ad libitum*	7	5o
——	Op. 7, rondeau polonais.	5	
——	Op. 17, rondeau (*J'avais égaré mon fuseau*)	4	5o
RIES.	Rondoletto	4	5o
——	Rondeau pastoral	4	5o
STEIBELT.	Air de Léonce	6	
——	Polonaise en mi de Viotti avec variations	6	
——	Air montagnard de Viotti.	6	
——	Rondeau turc	3	
ST.-AMANS.	Récréation lyrique, air dans le genre anglais, varié	4	5o
WOLF.	Air de Figaro	3	

Suite du FORTÉ-PIANO.

POTS-POURRIS.

		fr.	c.
KREUTZER.	1er, d'airs anglais	4	5o
NICOLO.	1er, id.....id.	5	
——	2e. sur les airs du médecin turc	6	

BALLETS.

		fr.	c.
CHÉRUBINI.	Anacréon, air de danse.	6	
——	Achille à Scyros, 1re partie	6	
——	Id............2e id...	6	
——	Id............3e id...	6	
KREUTZER.	Aristippe, airs de danse, suivis d'un air de ballet du Triomphe de Trajan.	4	5o
——	Paul et Virginie, 1re part.	6	
——	2e id.	6	
——	3e id.	6	

MARCHES ET BATAILLES.

		fr.	c.
GEBAUER.	Marches exécutées pour l'entrée de S. M. Louis XVIII à Paris	3	
DOUBLEN.	La Prise d'Ulm	4	5o

CONTREDANSES ET VALSES.

		fr.	c.
BAUDOUIN et divers Auteurs.	Le Carnaval de Venise, collection de nouvelles contredanses, valses, etc., par les meilleurs auteurs. Chaque recueil est orné d'un titre litographié représentant le Carnaval de Venise.		
——	N° 1	3	75
——	2	3	75
——	3	3	75
——	Le Carnaval de Venise seul.		75
RIEGER.	Valse, 3e recueil, op. 11.	5	
——	Id....4e d°.... op. 24.	4	5o

PIÈCES DE DIVERS CARACTÈRES.

		fr.	c.
CRAMER.	Ses adieux à ses amis de Paris	5	
DROUET.	1er nocturne pour piano, avec accompagnement de flûte, violon ou clarin°, sur un thême de Méhul.	4	5o
RIEGER.	Réponse aux adieux de Cramer, op. 13	4	5o
——	Nocturne sur la barcarole vénitienne, op. 18	6	
——	Rêve en forme de scènes, op. 15	7	5o

OUVERTURES.

		fr.	c.
BATTON.	La Fenêtre secrète	4	5o
CHÉRUBINI.	Anacréon	3	6o
——	Faniska	4	5o
——	Hôtellerie portugaise	4	
——	Prisonnière	3	6o
CIMAROSA.	Horaces par Rieger	4	

Suite du FORTÉ-PIANO.

OUVERTURES.

		fr.
ELER.	Habit du chevalier de Grammont	3
GLUCK.	Iphigénie en Aulide, nouvelle édition par Anson.	3
GRÉTRY.	Caravane	2
HAYDN.	Ouverture en ré maj.	3
KREUTZER.	Aristippe	3
——	Baiser et Quittance	3
——	François Ier	3
——	Jadis et Aujourd'hui	3
——	Les Surprises	3
——	L'Homme sans façon	4
——	Petit Page	3
MOZART.	Cosi Fan tutte	2
——	Clémence de Titus	2
——	Don Juan	2
——	Enlèvement du sérail	2
——	Figaro	2
——	Flûte enchantée, ou les Mystères d'Isis	2
——	Idoménée	2
NICOLO.	Confidences	3
——	Déjeûner de garçons	3
——	Intrigue aux fenêtres	3
——	Léonce	3
——	Médecin turc	3
——	Michel-Ange	3
——	Ruse inutile	3
WINTER.	Marie de Montalban	3
VOGEL.	Démophon	3

Musique pour Harpe.

MÉTHODES ET GAMMES.

		fr.
KRUMPHOLTZ.	Principes avec des exercices et des préludes d'une difficulté graduelle, recueillis par Plane	12

ÉTUDES ET CAPRICES.

		fr.
PLANE.	Etudes, 1er cahier	4
——	Id..... 2e id	4
——	Id..... 3e id	4

SYMPHONIES.

		fr.
KRUMPHOLTZ.	1re, en fa maj	
——	2e, en sol id	

CONCERTOS.

		fr.
KRUMPHOLTZ.	1er, mi bémol	9
——	5e, si bémol	9
——	6e, fa maj	9

TRIOS.

		fr.
KREUTZER.	De Psyché, harpe, cor, violon	6

Suite de la HARPE.

DUOS.

FANTAISIES EN DUO OU POUR HARPE SEULE.

	fr. c.
CALLAULT. 1re fantaisie, pour harpe seule, sur la romance de Joseph	5
DALVIMARE. Op. 26, fantaisie pour harpe seule, sur l'air de Léonce.	6
DOURLEN. Duo faitaisie, pour harpe et piano, sur un air de Dom Juan	6
DUSSECK. Duo pour harpe et piano, en mi bémol	6
HINNER. Duo 1er, en mi bémol. . . .	6
—— Id. 5e, en si bémol	5
PLANE. Id. 1er . . . . en ut.	6
—— Id. 2e . . . . en mi b.	6
—— 1re fantaisie, dite la Fête champêtre	4
—— 2e id , harpe et piano. . . .	7 50
—— 3e id., harpe seule, Il pleut, bergère.	4
—— 4e id., harpe et cor	4
—— 5e id., harpe et violon . . .	4
—— 6e id., id. . . . . . . id.	4
—— 7e id., harpe et piano. . . .	7 50
—— 8e id., id. . . . . . id. . . (Soyez sensible)	7 50
—— 9e id., harpe et violon (Partant pour la Syrie)	4
—— 10e id., harpe seule, sur un air d'Armide	4
—— 11e id., harpe et piano (marche de Saül)	7 50

SONATES.

	fr. c.
BEETHOVEN. Op. 17, pour harpe et cor ou violoncelle	4 50
CARDON. Op. 7, harpe et violon. . . .	9
—— Id. 22, id. . . . . id.	4
DELPLANQUE. Sonate en sol mineur. .	3
PLANE. 1re, en mi bémol	5
—— 2e, en sol mineur.	5
—— 3e, en mi bémol	5
—— 4e, en si bémol	5
—— 5e, en si bémol	5
—— 6e, en mi bémol	5
—— 7e, en si bémol	5
—— 8e, en fa maj.	5
TEIBELT. Op. 70, une seule	4 50

VARIATIONS.

	fr. c.
DALVIMARE. (Voyez duos et fantaisies en duo, ou pour harpe seule).	
DIZI. Sul margine d'un rio. . . .	4
AZENBACK. Air varié.	3
HENRI. Troubadour béarnais, accompagnement de violon et basse ad libitum	3

Suite de la HARPE.

VARIATIONS.

	fr. c.
PLANE. Air Nel core, della Molinara	4 75
—— Autres (voyez duos et fantaisies), 1re colonne.	
VERNIER. Que ne suis-je la fougère.	3

MARCHES.

	fr. c.
DELPLANQUE. Marche en mi bémol. . .	1 50
GÉBAUER. Trois id. pour l'entrée de Louis XVIII dans Paris. .	3
PLANE. Marche mi bémol	2

CONTRE-DANSES ET VALSES.

	fr. c.
PLANE. 1er recueil	4 50
—— 2e id.	4 50

PIECES DE DIVERS CARACTÈRES.

	fr. c.
BOCHSA. Mélange en pot-pourri facile, op. 100, ou lettre A.	4 50
DROUET. 1er nocturne, harpe et flûte, violon ou clarinette.	4 50
PLANE. Collection des plus beaux ouvrages d'Haydn et Mozart.	
—— 1re livraison { avec violon et basse ad libit. }	6
—— 2e id. . . . . id.	6
—— 3e id. . . . . id.	6
—— 4e id. . . . . id.	6
—— 5e id. . . . . id.	6
—— 6e id. . . . . id.	6
—— 7e id. . . . . id.	6
—— 8e id. . . . . id.	6
—— 9e id. . . . . id.	6
—— 10e id. . . . . id.	6
—— 11e id. . . . . id.	6
—— 12e id. . . . . id.	6
PLANE. 1re nocturne.	5
STOCHAUSSEN. Bagatelles de Bethoven pour harpe et flûte	4 50

OUVERTURES.

	fr. c.
—— Cosa rara.	3
—— Caravane.	3
—— Démophon.	3
—— D'Haydn.	3
—— Panurge	3

Musique
POUR INSTRUMENTS A VENT.

Harmonie.

MUSIQUE MILITAIRE ET AUTRE.

OUVERTURES.

	fr. c.
CHÉRUBINI. Hôtellerie portugaise, clarinette en ut	7 50

Suite des OUVERTURES EN HARMONIE.

	fr. c.
CHÉRUBINI. Prisonnière, clarine en ut.	7 50
KREUTZER. Baiser et Quitt., id. en ut.	7 50
NICOLO. Confidences, clarine en ut.	7 50
—— Intrigue. . . id. . . . . en si. .	7 50
—— Léonce. . . . id. . . . . en si. .	7 50
—— Médecin turc, id. . . . en ut.	7 50
—— Michel-Ange, id. . . . en ut.	7 50

AIRS ET DIVERSES HARMONIES.

	fr. c.
CIMAROSA. Il Matrimonio per Raggiro,	
—— 1re suite, clarinette en ut.	9
—— 2e suite, id. . . . . . . en si.	9
KREUTZER. Airs choisis du ballet de Cléopâtre, clarine en si. .	9
—— Paul et Virginie, et François Ier, clarinette en si. .	9
NICOLO. Airs des Confidences, clarinette en ut.	9
—— Id. Intrigues, clare en si. .	9
—— Id. Léonce. . . id. . . en si. .	9
—— Id. Médecin turc, id. en ut.	9
—— Id. Michel-Ange, id. en ut.	9
VOGT. Airs du ballet de Nina et l'Epreuve villageoise, arrangés en sérénade par Vogt, clarinette en ut. . .	9
—— 1re sérénade sur un choix d'airs d'opéras, clare en si.	9

MARCHES.

	fr. c.
GÉBAUER. Trois marches pour l'entrée de S. M. Louis XVIII dans Paris.	6
—— Marches et pas redoublés, composés pour la garde royale; dédiés à Mgr. le duc de Grammont.	7 50
JOUVE. Marches et pas redoublés. .	6

~~~~~~

Musique pour Haut-Bois.

	fr. c.
NANNI RANIERI. Thême de Mozart, varié, avec accompagnement d'orchestre (instruments à vent ad libitum)	4 50

~~~~~~

Musique pour Flute.

MÉTHODES, ÉTUDES ET GAMMES.

	fr. c.
GÉRARD. Soixante leçons méthodiques, nouv. édition, avec principes élémentaires et gammes à clefs et cadences	12
—— Gamme en feuille	1 50

Suite de la FLUTE.

SYMPHONIES CONCERTANTES.

MARTINN. Voyez pag. 5, col. 1re.

fr. c.

CONCERTOS.

DEVIENNE. 11e, en si min.......... 9
——— 12e et dernier, en la maj.. 9
GIANELLA. 3e, en ut maj........... 9
MICHEL. 1er, en la min.......... 6
——— 3e, en ré min.......... 6
VIOTTI. Lettre C, par Devienne, en sol maj............ 9
——— Lettre D, par Gianella, en si min............... 9

QUATUORS.

VIOTTI. Lettre A, flûte, violon, alto et basse.......... 9

TRIOS.

BEZZOSI. 1er livre, pour flûte, violon et basse, par Berger. 9
——— 2e livre, pour flûte, violon et basse, par Berger..... 9

DUOS.

DEVIENNE. 9 livre, 2 flûtes......... 7 50
——— Op. 80, id............. 6
GEBAUER. 1er livre, faciles........ 7 50
——— 2e id.... id............ 7 50

OUVERTURES EN DUO,

POUR 2 FLUTES, à 1 fr. 80.

——— Anacréon.
——— Aristippe.
——— Baiser et Quittance.
——— Caravane.
——— Chevalier de Grammont.
——— Confidences.
——— Démophon.
——— Hôtellerie portugaise.
——— Intrigue aux fenêtres.
——— Jadis.
——— Iphigénie en Aulide.
——— Léonce.
——— Michel-Ange.
——— Marie de Montalban.
——— Médecin turc.
——— Petit Page.
——— Prisonnière.
——— Ruse inutile.

DUOS D'AIRS D'OPÉRAS

ET EN POTS-POURRIS.

——— Confidences............ 5
——— Intrigue............... 5
——— Médecin turc........... 5
——— Michel-Ange........... 5
——— Pot-pourri des airs Michel. 2

Suite de la FLUTE.

SONATES.

fr. c.

BLASIUS. Par Chalon, 1er livre..... 7 50
——— Idem...... 2e id....... 7 50
——— Op. 58, 1er livre........ 7 50
——— Id.....2e livre........ 7 50
DEVIENNE. 6e id.......... 7 50
——— Six avec préludes tirés de sa méthode........... 7 50
FARRENC. Op. 5................. 9
GEBAUER. 1er livre.............. 7 50
KREUTZER. A.................... 6
——— B.................... 7 50

AIRS VARIÉS ET FANTAISIES.

DROUET. 1er nocturne, avec accompagnement de piano ou harpe, *sur un thème de Méhul*... 4 50
FARRENC. Op. 1er, air *Charmante Gabrielle*, varié avec accompagnement de violon, alto, basse, *ad libitum*....... 4 50
——— Op. 2, deux thèmes variés de Rode, connus n° 1, 2, arrangés pour flûte, avec accompagnement de violon, alto et basse, ou de piano seulement....... 6
——— Op. 3, 1re fantaisie, pour 2 flûtes, sur les airs *tyroliens, hongrois* et *bohémiens*................. 3 75
——— Op. 4, thème varié, avec accompagnement de fortépiano obligé........... 5
——— Op. 6, fantaisie pour flûte et piano, sur l'air *Que ne suis-je la fougère*....... 6
GUILLOUX *Vive Henri IV*, avec accompagnement de violon, alto et basse.......... 6
NANNI RANIERI. Thème de Mozart, varié, avec accompagnement d'orchestre, instruments à vent *ad libitum*. 4 50

AIRS EN RECUEIL

SANS VARIATIONS.

FARRENC. 1er recueil d'airs connus et choisis, arrangés pour 2 flûtes................. 3
——— *Id.*, les mêmes pour flûte seule.................. ?

CONTRE-DANSES ET VALSES.

FARRENC. Choix de contre-danses pour deux flûtes....... 3 75
——— Les mêmes pour flûte seule. 2 50

~~~~~~~

Musique pour Clarinette.

MÉTHODES, ÉTUDES ET GAMME

fr.

GEBAUER. Soixante leçons méthodiques, nouv. édition, avec principes élémentaires et gammes ajoutées....... 12
——— Gamme en feuille....... 1

SYMPHONIES CONCERTANTES.

MARTINN. Voyez pag. 5, col. 1re.

CONCERTOS.

BLASIUS. 3e, en fa maj., clare en ut. 7
J. MICHEL. 1er, en ut, clarinette en si. 7
——— 2e, en ut......id....... 7
——— 3e, en ut......id....... 7
——— 4e, en ut, clarinette en la. 7
W. MICHEL. 1er, en la min., clare en ut. 6
——— 3e, en ré min.....id..... 6

QUATUORS.

J. MICHEL.) Op. 1er, clarinette, violon,
et VOGEL.) alto, basse........... 9

DUOS.

GEBAUER. 2e livre, faciles........ 7
——— 3e id.... id............ 7
J. MICHEL. Op. 1er............... 7
——— Id. 2e................. 7
——— Id. 3e................. 7
——— Id. 4e................. 7
——— Id. 5e................. 7
——— Id. 6e................. 7
——— Id. 7e................. 7
——— Id. 8e................. 7
——— Id. 9e................. 7
——— Id. 10e................ 7

OUVERTURES EN DUOS,

à 1 fr. 80 c.

——— Anacréon.
——— Aristippe.
——— Baiser et Quittance.
——— Caravane.
——— Chevalier de Grammont.
——— Confidences.
——— Démophon.
——— Hôtellerie portugaise.
——— Intrigue aux fenêtres.
——— Jadis.
——— Iphigénie en Aulide.
——— Léonce.
——— Michel-Ange.
——— Médecin turc.
——— Petit Page.
——— Prisonnière.
——— Ruse inutile.

~~~~~~~

Sui

Nic

Blas

Gamb

Nann

Farf

(
Fari

F. I.

S.ᵗ
Br

F. Di
Élen

F. D

AS,
).

c.
1 50

1 50
1 50

2 40
3

3 60

1 50

3

1 50
3

3 60

2 40
3
3 60

4 50

4 50

;
1 50

1 50

1 50

1 50

2
0

2

4 50

2

Suite des AIRS, DUOS, etc., D'OPÉRAS DÉTACHÉS,
AVEC ACCOMPAGNEMENT DE FORTÉ-PIANO.

MOZART.

Suite des AIRS, DUOS, etc., D'OPÉRAS DÉTACHÉS,
AVEC ACCOMPAGNEMENT DE FORTÉ-PIANO.

MOZART.　　　　Suite des *Noces de Figaro*.

		fr. c.
3o. { Al desio................. Viens, dépêche, ma voix.... }	air, f.......	1 80
31. { Ah quanti affetti........... Ah! que d'objets.......... }	scène, f.....	3

Suite des AIRS, DUOS, etc., D'OPÉRAS DÉTACHÉS,
AVEC ACCOMPAGNEMENT DE FORTÉ-PIANO.

NICOLO. *Médecin turc (le).*

		fr.	c.
1. Sans plaisirs (couplets), f.		1	50
2. Les plaisirs, (*id.*), f.		1	50
3. Oui, par-tout (air), h.		2	50
4. C'est toujours de (romance), f.		2	40
5. De l'aimable objet (air), h.		2	40

Suite de la MUSIQUE VOCALE,
AVEC ACCOMPAGNEMENT DE FORTÉ-PIANO.

	fr.	c.
	3	60
	3	60
	3	60
	3	60
	3	60
	3	60
	3	
	3	60
	1	80
	1	50
	1	50
	4	50
	6	
	1	50

Suite de la MUSIQUE VOCALE,

AVEC ACCOMPAGNEMENT DE FORTÉ-PIANO.

Suite des NOCTURNES, OU PETITS AIRS ITALIENS A 2 VOIX.

fr. c.

NICOLO.

1er recueil de duettini.

1. Ad onta del fat omio bene ....
A ce cœur fidèle beauté ....
2. Vanne felice rio ....
Ruisseau qui dans la prairie ....
3. Ti lascio, Irene addio ....
Je te quitte, ô ma Lesbie 6
4. Placido zeffiretto ....
Bien heureux zéphire ....
5. Voi sole o luci belle ....
Toi qui charmes ma vie ....
6. Tergi le lagrime ....
Sèche tes larmes ....

AIRS ITALIENS EN RECUEIL

A UNE VOIX.

COLBRAN.

1er recueil.

1. Povero cor tu palpiti ....
Mon pauvre cœur, hélas ! ....
2. Il pie s'allontana ....
Je pars, ô ma belle ....
3. Teuche ti sia crudel ....
Malgré rigueurs d'amour 6
4. Per costume ....
L'habitude ....
5. Vorrei almen per gioco ....
Au moins par feinte ....
6. Chi sa qual core ....
Las ! je soupire ....

COLBRAN.

2e recueil.

1. La speranza al cor ....
L'Espérance me dit ....
2. Adanta del fato mio bene ....
A ce cœur fidèle ....
3. T'in tendo si mio cor ....
A mon sensible cœur 6
4. Ch'io mai vi possa ....
Beauté charmante ....
5. Voi siete o luci belle ....
Toi qui charmes ma vie ....
6. Mi lagnero tacendo ....
Gémir dans le silence ....

Suite de la MUSIQUE VOCALE,

AVEC ACCOMPAGNEMENT DE FORTÉ-PIANO.

Suite des PETITS AIRS ITALIENS A UNE VOIX.

fr. c.

COLBRAN.

3e recueil.

1. Ombre amene ....
Charmants bocages ....
2. Quel cor che mi prometti ....
Si ton cœur n'est sous ma loi ....
8. Più bella aurora ....
Jamais plus belle aurore 6
4. So che un sogno è la speranza ......
L'espérance ce n'est qu'un beau songe ..
5. Se son lontano dal mio diletto ....
Lorsque je suis loin de l'objet ....
6. Quel ruscelletto che l'onde ....
Ce ruisseau dont l'agréable ....

NICOLO.

1er recueil de canzoncine.

1. Bei labbri che amore ....
Tu jures, ma Zélie ....
2. Mio ben ricordati ....
Je t'abandonne, hélas ! ....
3. Ch'io mai vi possa ....
L'amour m'engage 6
4. Alla stagion novella ....
Dès la saison nouvelle ....
5. Luci adorabili ....
Pour toi, Thémire ....
6. Deh ! pietoso dio d'amore ....
Dieu d'amour, ah ! ....

RODE. Dal dì ch'io vi mirai 1 50

Nocturnes,

OU PETITS AIRS FRANÇAIS, A 2 VOIX.

AMÉDÉE DE T**. Déja la nuit sur l'univers (romance) 1 50

BLAZE.
3e livre.
1. Déja les étoiles pâlissent .... le matin
2. Heure du soir, heure paisible ... le soir . 4 50
3. Des amants astre tutélaire ...... la nuit.

GATAYES.
1.
2. Voyez dans les romances détachées n° 128,
3. 129, 130, page 16, col. 2.

L. MOREAU. Laure 2

RIEGER.
Les adieux de Henri IV à Gabrielle 1 80
J'entends la trompette ....

WALSH THÉOBALD.
OEuvre 5.
1. O toi qui veilles sur nos jours .....
2. Comme une erreur mensongère ... 4 50
3. On raconte qu'en Helvétie ....
4. Fleur mourante et solitaire (canon).

Romances détachées,

Avec accompagnement de Forté-Piano ou de Harpe, à 1 fr. 50 cent.,

PAR ORDRE ALPHABÉTIQUE D'AUTEURS.

Voyez les mêmes pour guitare sous les mêmes numéros, par ordre alphabétique des premières paroles.

Nos.	AUTEURS.	TITRES DES ROMANCES	PREMIÈRES PAROLES.
7	AIMÉ.	Non................	La jeune Lucette.
153	ANSON.	Aurélie	Ce qui te pare, ô riante.
154	—	Le Souvenir	Doux souvenir, je chéris.
155	—	Près d'un ruisseau	Près d'un ruisseau.
171	—	Si j'étais petit papier	Si j'étais petit papier.
172	—	Couleur de rose	Couleur de rose.
173	—	Portrait d'un Français	Du Français fidèle ass.
174	—	J'étais heureux	J'étais heureux.
175	—	Je sais aimer	O toi dont l'aimable.
189	—	Les Gueux	Les gueux sont les gens.
190	—	Je m'abusais	Je m'abusais quand.
191	—	Les Parques	Sages et foux, gueux et.
32	BUTIGNOT.	Je songe à toi	Je songe à toi.
33	—	A une jolie Dévote	Au soufle amoureux.
34	—	En te quittant	En te quittant.
56	—	Depuis long-temps	Depuis long-temps.
60	—	Le Tournoi	Le cor bruyant.
36	BERTON.	La Chapelle de l'Amour	Il est un culte sur la.
37	—	La Feuille morte	Dans mon sein, tu viens.
45	—	Sophie d'Isembourg	Rassemblez-vous autour.
91	BEGREZ.	Adieu Plaisir, adieu Folie	Adieu plaisir, adieu folie.
92	—	Le pouvoir de la Musiq^e	Présent du ciel.
93	—	Ruben et Bala	C'en est fait, j'ai cessé de.
4	CHAUVET.	A Laure	Barde immortel, amant.
5	—	Le Voile	Vois Laure.
6	—	Les Souhaits	Si le ciel.
63	CARAFA.	Il fut un temps	Il fut un temps.
64	—	De la Douceur	De la douceur.
65	—	Romance	Ta main charmante.
66	—	Idem	Viens sur mon cœur.
67	—	Le Souvenir	Doux souvenir.
68	—	Le Départ	C'en est fait.
110	CHAPELLE.	Romance à deux notes	L'amour après mainte.
86	CONNELLY.	Le Refrain du Provincial	A Paris tout plaisir.
136	CORNU.	Vous le voulez, Jenny	Vous le voulez, Jenny.
137	—	Lucas	Lucas baigné de larmes.
138	—	Le curieux	Hier soir sur l'herbette.
139	—	Le Chant d'un Troubad^r béarnais	Du Béarn un troubadour chantait.
140	—	A un Infidèle	Pourquoi troubler.
141	—	Le Page	Etais pauvre page.
142	—	Les Plaintes d'un Troub^r	Triste ranier de la mont.
143	—	La Pensée	Une pensée nous ramèn.
144	—	Les Orphelins (en duo)	Nous venons du haut M.
158	—	Les Adieux	Adieu paisible indiffér.
159	—	Les adieux d'Oscar à Mal.	Le cor retentit dans les.
160	—	Les Regrets de Malvina	On dit que je suis belle.
180	—	Les trois Ages de l'Amour	J'aime l'amour dans son.
181	—	Chant du Pasteur	L'autre jour sous l'omb.
182	—	Romance d'une relig^se	Quelle solitude profonde.
185	—	Depuis long-temps	Depuis long-temps, j'ai trois mots à vous dire.
186	—	Le Tourtereau repentant	Telle tourterelle, recon.
187	—	Larmes d'Amour	Larmes d'amour ne sont.
179	DROLING.	Ne le crois pas	Ne le crois pas quand on.
44	DOUBLIN.	Reviens, ô ma lyre	Reviens, ô ma lyre.
24	DEFRESNE.	Le petit Joueur de Violon	Plaignez le sort.
18	DURIVAGE.	Les 4 Saisons de la vie	Lorsqu'à l'âge.
57	—	Ma Vie	A chaque instant.
58	—	Les Souvenirs	Plein de ton image.

Nos.	AUTEURS.	TITRES DES ROMANCES	PREMIÈRES PAROLES.
46	DUSSECK.	Romance à 3 notes	Par les amours.
145	DUTEIL.	Tristan à Yseult	Que me fais si tu m'aimes.
146	—	Arthur	Le noble Arthur fut aimé.
147	—	Accourez, Dieux des bois	Accourez, dieux des bois.
148	—	De mon Berger volage	De mon berger volage.
80	FABVEL.	La Reine des Fleurs	Reine des fleurs, charm.
83	FREY.	Rien ne m'est plus	Tout me charmait par ta.
104	—	Le Retour de Syrie	Relevé des plus nobles.
176	—	St. Louis en Egypte	Nobles croisés sans plus.
177	—	Romance d'Adriani	J'ai cru tous mes beaux.
178	—	Le Laurier et la Charrue	Un preux soldat au ret.
184	—	Romance marotique	Ivresse inconnue agite.
192	—	Vous qui priez	Dans la solitaire bourgad.
197	—	Je pense à toi	Je pense à toi dès que je.
82	GATAYES.	Toujours, Toujours	Toujours je te serai fidèl.
88	—	Les 3 prem. signes d'am^r.	Premier regard d'une.
89	—	Petit à petit l'oiseau fait son nid	Comme les rayons du soleil.
90	—	Je n'aimais plus	Je n'aimais plus (pauvres amants).
94	—	La Feuille tombée	Toi que les vents.
98	—	Les Coups	Tout homme ici bas.
105	—	Consigne à mon Chien	Compagnon soumis de.
111	—	Songe d'Amour	C'était dans la saison des.
112	—	Les petits Soins	Je plains celui qui trop.
113	—	O Toi qui d'un Amour	O toi qui d'un amour si.
115	—	Elle et Moi	Elle ne peut vivre sans.
116	—	La Curieuse	On ne me laisse en vérité.
117	—	Où la trouver	Pour calmer le besoin.
118	—	L'Art d'Aimer	Dieu des amants.
119	—	Jamais, jamais	Jamais, disait à son amie.
120	—	Zélie est pour moi l'univ.	Zélie est pour moi l'univ.
122	—	La main	Pour la guider, c'est par.
123	—	La Brouille et le Raccommodement	Sur les effets et sur les causes.
124	—	Dès qu'on n'a plus d'arg.	Dès qu'on n'a plus d'arg.
128	—	1er Nocturne à deux voix (la Séparation)	Tu l'entends, un arrêt barbare.
129	—	2e Nocturne à deux voix.	Toi que l'amour forma.
130	—	3e id.........id....	Transport jaloux, doul.
131	—	Le Rêve de Clémentine.	Un songe heureux à mon.
149	—	Ma Cousine	De ma cousine, caprice.
156	—	Jadis et Aujourd'hui	Lorsque j'aimais au print.
157	—	Que voulez-vous que j'y fasse ?	Dans c'monde chacun a son goût.
164	—	Mes Regrets	O jours heureux de ma.
193	—	Les Guerriers et les Belles	Mars a vraiment plus.
194	—	Cruelle Vérité	Ah! s'il fallait purger le.
195	—	Elle l'aima toujours	Adieu, je vais en Palest.
196	—	Le Demi-Jour	Le demi-jour.
161	GARAT (Fab.)	Mes Souhaits	Au fond d'un champêtre.
162	—	N'ayez pas peur	N'ayez pas peur, ou veut seulement vous le dire.
163	—	Ne pouvez-vous l'entendre ?	Lorsqu'un amant bien tendre.
1	GUSTAVE.	La Défiance	Ne le croyez pas.
2	—	Romance à trois notes	Un jour dans cette grotte.
3	—	La Montagne	Je reviendrai.
8	JADIN.	A ma Sonnette	Il est temps, ma chère sonnette.

Suite des Romances détachées, avec accompagnement de Forté-Piano ou de Harpe,

A 1 fr. 50 c., PAR ORDRE ALPHABÉTIQUE D'AUTEURS.

N°	AUTEURS	TITRES DES ROMANCES	PREMIÈRES PAROLES
[illegible]	JADIN.	La Confiance.........	Quand vous vantez.
[illegible]	JARDIN.	A la mémoire de Grétry.	Muses, prenez vos voiles funèbres.
[illegible]	——	La Bergère délaissée...	A peine eus-je atteint l'âge
[illegible]	——	Mort d'Atala.........	C'est ainsi que plaintive
[illegible]	KREUBÉ.	Le Tombeau.........	Dans un désert loin du hameau.
[illegible]	——	Les Regrets.........	Quand Lise était encore enfant.
[illegible]	——	Le mal d'Amour......	N'avoir qu'une seule pen.
2	——	Le petit Auvergnat.....	Ah! laissez-moi.
7	KREUTZER.	Ma Promenade.......	Par-tout si je me promèn.
8	——	Les Regrets.........	Savez vous.
9	——	L'Indifférence........	O tranquille indifférence.
4	——	Ronde de nuit (voy. l'O-riflamme).........	Gardons-nous bien.
9	LAMBERT.	Béarnaise..........	Sommeil a fui.
10	——	Au bord d'un clair ruiss.	Au bord d'un clair, etc.
1	——	Pour moduler........	Pour moduler.
3	——	Ronde de Désaugiers..	Allons, mettons-nous en train.
8	——	Lucas	Lucas baigné de larmes.
9	——	Le Montagnard émigré.	Combien j'ai douce souvenance.
5	——	L'Ermite...........	Au fonds de ces arbres.
35	LE MYRE.	Le Montagnard émigré (à deux voix)......	Combien j'ai douce souvenance.
50	——	Sans la nommer......	Vainement je fis la prom.
56	LEONZZO.	Le vieux Ménestrel....	Approchez-vous, jeunes fillettes.
57	——	Le Déclin du jour.....	L'astre brillant de la lun.
58	——	Robert à Richard.....	Robert, l'aîné des fils de France.
59	——	Le Hussard (en trio ou à voix seule)........	Venez, jeunes fillettes, ne craignez pas.
70	——	Le Page (o l'amante disperato)........	Le noble Artus, loin d'une belle
85	LE VASSEUR.	L'Esprit des Troubadours	Faire voudrais, belle Mar.
20	MARTINN.	Lorsque tout me rappelle	Lorsque tout, etc.
43	——	Regrets d'un Troubad'.	Las, allais voir.
35	MÉHUL.	Raoul...	Issu d'un noble chevalier.
51	MÉLESVILLE.	Couplets d'une visite à Bedlam, n° 1, tralalala.	Une sur-tout fraîche et jolie.
52	——	Vaudeville d'une visite à Bedlam, n° 2........	Enfin donc un ciel plus doux.
88	MÉREAUX.	Eginard au champ d'honneur	Adieu, bonheur, plaisirs, douce patrie.
19	NICOLO.	Te voir............	Te voir, c'est ce que je desire.
21	——	A Lise............	En amour combien on diffère.
22	——	La Nuit et le Jour.....	La nuit et le jour, mon cœur.
23	——	Ode anacréontique.....	Image à la modestie.
50	——	Canzoncine..........	Mio ben ricordati. / Je t'abandonne, hélas!
51	——	Id............	Ch'io mai vi possa. / L'amour m'engage.
52	——	Id............	Bei labbri che amore. / Toujours, ma Zélie.
53	——	Id............	Alla Stagion novella. / Dès la saison nouvelle.
54	——	Id............	Luci adorabili. / Pour toi, Thémire.
55	——	Id............	Deh! Pietoso dio d'amore / Dieu d'amour, ah!

N°.	AUTEURS	TITRES DES ROMANCES	PREMIÈRES PAROLES
84	ORHÉNO.	Les Regrets	Vais perdre ma tant douce amie.
12	PLANTADE.	Arthur et Lucy........	Au bord d'une mer écumante.
13	——	Paola............	Dans un canton de Westphalie.
14	——	Le Fantôme ou l'Angelus	Ce jour-là.
15	——	Le Pressentiment......	C'était l'hiver.
16	——	Lucie et Colin	Ecoutez-moi, faciles bell.
17	——	Edwin et Emma.......	Au fond d'une sombre vallée.
74	——	Lise..............	Lise, sens-tu comme il palpite!
75	——	Le Lever du Jour......	Le feu des étoiles.
76	——	Dans le printemps de mes années........	Dans le printemps.
77	——	A Toi............	Je t'aime, hélas!
78	——	Le Gondolier amoureux.	Dans une barque légère.
79	——	L'Accueil...........	D'un accueil qui m'ench.
106	——	Le Rêve nègre	Moi rêver douce amie.
107	——	Eginard au tombeau de son amie.........	Que fais tu là, valeureux chevalier.
121	——	Chant d'un bon Français.	Français, enfin voilà le j'.
183	——	La Barque de deuil....	Approchez-vous, belles, venez m'entendre.
61	PAULIN.	L'Orage et le Pélerin...	Pour adoucir.
87	QUATREMÈRE	Les Adieux d'un jeune Guerrier...........	Je pars, je vole où la gloire.
69	RODE.	Cœurs trop sensibles...	Cœurs, etc.
70	——	Pourquoi troubler.....	Pourquoi troubler.
81	——	Stances sur l'air chanté par Me Catalani......	Art divin, puissante harmonie.
126	——	Fleur mourante et solit.	Fleur, etc.
127	——	Heure du soir........	Heure du soir, heure paisible.
41	RADZIWIL.	Chanson à la Cosaca ..	Rions, chantons.
42	——	En réponse à la romance de Garat, je t'aime tant.	Redis-le-moi.
102	RIEGER.	La Plainte d'Amour....	Plaignez mon sort, partagez ma tristesse.
132	ROMAGNÉSI.	Le Géant............	Au temps jadis fut une belle.
133	——	La Résignation........	Si mon cœur s'est laissé surprendre.
134	——	L'Inconstance........	Depuis qu'une amante.
25	SPONTINI.	L'Amour est tout......	Quand tu m'aimais.
26	——	Le premier Chagrin d'Amour.	Calme si doux de mon enfance.
27	——	L'heureuse Epouse.....	Vous qui vivez.
28	——	La contrainte	Conçois-tu?
95	ST-AMANS.	Ce qu'il faut pour plaire.	Amour l'a dit, Lise sera.
96	——	L'Inconstance et le Souvenir...	Le papillon trop inconstant.
38	WACHTER.	Pour Toi............	Ce que je desire et que.
39	——	La Solitude	Dans mon solitaire séj'.
40	——	La Mort du Troubadour.	Vous qui portez une ame.
71	——	Jeanne d'Arc.........	L'anglais vainqueur dans les plaines.
72	——	Je vous hais	Qu'un autre chante, je vous aime.
73	——	La Marchande de Rubans	Je suis marchande de rubans.
97	VÉRON.	L'Amant heureux	Dans un coin de la terre.
125	WEISKOPF.	Les Embarras du Sergent-Major	Ah! grand Dieu, qu'on a de peine.

Suite des Romances détachées, avec accompagnement de Forté-Piano ou de Harpe,

A 1 fr. 5o c., SANS NUMÉROS, ET NON GRAVÉES POUR GUITARE.

AUTEURS.	TITRES DES ROMANCES.	PREMIÈRES PAROLES.
CHANCOURTOIS.	Odalie	Vois ce jeune habitant du ciel.
DEMONCHY.	L'Amour chez Glycère	L'amour s'ennuyant à Cythère.
FREY.	L'Espérance	Espérance chérie.
——	Couplets chantés par Mlle Leverd, dans *la Partie de Chasse de Henri IV*	Les traits naïfs, si pleins de charmes.
——	Conseil d'un vieux Troubadour	Vous qui voulez exceller en romances.
GOSSEC.	La France régénérée, sur l'air : Charmante Gabrielle, à 1, 2 ou 3 voix	O France, ô ma patrie.
GOUJET.	Les Noms	La mine, dit-on, est trompeuse.
KRUMPHOLTZ.	Dame française	Jeune guerrier, que l'amour et la gloire.
KREUTZER.	Aveu d'amour	Toi que je connais à peine.
——	Le Troubadour voyageant à la porte du Castel	Jeune beauté de ce castel.
——	Regrets d'amour	Laure, qui cause ma souffrance.
——	Mon Sentiment sur l'Amour	Ne s'occuper que d'une chose.
——	Lise et Colin	Lise et Colin dans la prairie.
——	Le Départ pour la Croisade	La nuit trop prompte.
LAMBERT.	Le Retour du Roi	Nos champs dévastés.
LE VASSEUR.	Loïse	Autrefois dans vieux châteaux.
LYON.	Le Clairon sonne	Le clairon sonne.
——	Je n'aime plus	Je n'aime plus.
——	Amour, viens me rendre l'image	Amour, viens me rendre l'image.
——	Ne plus aimer serait une folie	Ne plus aimer serait une folie.
——	Quelle félicité parfaite	Quelle félicité parfaite.
——	Je vivais sous tes lois	Je vivais sous tes lois.
LENONCOURT (DE).	L'ombre de Marguerite	Dans la nuit, où l'heure effrayante.
——	La nouvelle Biondina	Dans une barque légère.
MARTINI DONOSO.	(*Voyez au supplément.*)	
MELESVILLE.	Virelai	N'a besoin de richesse.
MOREAU.	Laure, romance à 2 voix	Fille d'amour, douce mélancolie.
MORISSOT.	Aux mânes de Grétry	Muses, revêtez-vous de deuil.
PAULIN.	Le Rosier	Rosier, jadis charmant.
Mlle PECHIGNÉ.	Le mot Amour	Colin à l'ombre d'un ormeau.
——	L'âge de 16 ans	Joséphine est dans le bel âge.
PELLETIER.	L'Ultra	Excès d'amour, excès de zèle.
RIEGER.	Encore à toi, toujours à toi	Toi dont la foi jadis sincère,
RIEGER.	Aglaé, ou Paris et le village	A l'âge heureux de quatorze ans.
——	L'Amour marchand de roses	Laissant respirer les cœurs.
——	L'Héroïne de Bordeaux	Louis, ta fidèle Antigone.
——	Si tu m'aimais	Si tu m'aimais autant que je t'adore.
——	Amitié pour toujours	
——	La Danse et l'Amour	
RENAULT.	Le petit mot à l'oreille	Je n'ai pas la verve féconde.
ST.-AMANS.	Le petit mot pour rire	Loin de moi ces chantres pleureurs.
SERMESI.	Les Plaintes d'Ophélie	Rendez-le-moi celui-là que j'adore.
TULOU.	Le Champ d'Asyle	Au loin j'allais chercher mes frères.
VERON.	Le danger de rougir	On m'a répété souvent.
——	Mes Regrets	En te perdant, ma Sophie.
TH. WALSH.	Pense à Madame	Pense à madame, de près, de loin.
——	Evirchoma	Sur ces bords en vain je t'appelle.

Airs, Duos, etc.,
DÉTACHÉS D'OPÉRAS,
[AV]EC ACCOMPAGNEMENT DE GUITARE OU LYRE

Nota. Les h *désignent les morceaux chantés par des [hom]mes, et les* f *ceux chantés par des femmes.*

[CH]ÉRUBINI. *Anacréon ou l'Amour fugitif.*

		fr.	c.
1.	Jeunes filles (air), f....	1	50
2.	Je n'ai besoin (air), h..		75
3.	Mon père est vieux (air), f.	1	50
4.	Qu'elle est heur° (air), h.	1	50
5.	Dansez, nymphes (air), h.	2	25

[KR]EUTZER. *Aristippe.*

1.	Pourq. repousser (air), h.		75
2.	Des plaisirs (air), h...		75
3.	De la fête (duo), 2 h...	1	50
4.	Unique objet (duo), h. f.	2	25
5.	Quoi ! vous pourriez ? (duo), h. f.	2	25
6.	O volupté (air), h.....		75
7.	Qui te retient (air), f..	1	50
8.	Ah? c'en est trop (air), h.	1	50

[DU]PUIS. *Artiste (l') par amour.*

1.	Lorsq. ma bouche (air), h.		75

[KR]EUTZER. *Baiser et Quittance.*

1.	Chantez les charmes, (couplets), h.........		75
2.	Ces ouvrages (rom^e), f.		75
3.	A son page (aie, aie, (romance.), h........	1	50
4.	Ce front si pur (rondo), h.		75

[CH]ANTADE. *Bayard à la Ferté.*

	Lise était à la fleur de l'âge (couplets), f.........		75

[NI]COLO. *Confidences (les).*

1.	L'aurore (romance), h.	1	50
2.	Oui, je vaincrai (air), h.	2	25
3.	Voilà comme (rondo), h.	1	50
4.	Malgré ta souffrance, (romance), f........	1	50
5.	Que résoudre (air), f..	1	50
6.	Ah! ma Lisette (duo), h. f.	1	50

Déjeûners de garçons.

1.	Divinités chéries (couplets), h............		75
2.	L'hymen est une chaîne (air), h. ou f........		75
3.	Point d'humeur (chans.), h.		75
4.	De ma félicité (coupl.), h.		75

[M]OZART. *Figaro (les Noces de),*

1.	{ Non so più cosa son (air) / Le tourment qui m'opp. }		75
2.	{ Non più andrai (air), h. / Mon enfant......... }		75

Suite des AIRS, DUOS, ETC.,
DÉTACHÉS D'OPÉRAS,
AVEC ACCOMPAGNEMENT DE GUITARE OU LYRE.

		fr.	c.
3.	{ Sù l'aria (duo), 2 f... / Sur l'air marronnier... }		75
4.	{ Voi che sapete (air)... / Mon cœur soupire.... }		75

R. KREUTZER. *François I^a.*

1.	Je vous jurai (rom.), f.		75
2.	On parle de phil. (duo), h. f.	2	25
3.	Un jour disputant (air), h.	1	50
4.	Charm. pupille (chasse), h.		75

GOSSEC. *Gabrielle.*

Charm. Gabrielle, à 1 voix.		75
Id......id.... à 3 id., accompagn. par Gatayes.		75

KREUTZER. *Homme sans façon (l').*

1.	Rien ne me mécontente (couplets), h.........		75
2.	On n'est pas ingrate, (couplets), h. f.......		75

NICOLO. *Intrigue (l') aux fenêtres.*

1.	Ah! quel plaisir (air), h.		75
2.	Maudit argus (duo), 2 h.	1	50
3.	O ma Clémence (rondo), h.	1	50
4.	Pour bien servir (air), h.	2	25
5.	Toi dont l'amour (rom.), f.		75
6.	Douce et fidèle amie (id.), h.	1	50

R. KREUTZER. *Jadis et Aujourd'hui.*

1.	O fortune ennemie (air), h.	1	50
2.	Voulez-vous tenter l'aventure, (duo), 2 h....	2	25
3.	A qui voulez-vous que je (couplets), f.......		75
4.	Pour vous bientôt tous nos artistes (couplets), h.		75
5.	Le jour, la nuit (duo), h. f.	1	50
6.	On a beau dire (vaud.).		75

NICOLO. *Léonce.*

1.	Dans notre état (duo), 2 h.	1	50
2.	L'hymen est un lien (romance), h............	1	50
3.	Je vis Léonce (rom^e), f.		75
4.	Femme bien jolie (rondo), h...............	1	50
5.	On dit qu'il est (coupl.), h.		75
5.	Non, non, non (air et couplets), h..........	1	50
6.	Plus de bonheur (air), h.	1	50
7.	Cher Léonce (duo), h. f.		75

Médecin turc (le).

1.	Sans plaisirs (coupl.), f.	1	50
2.	Les plaisirs (id.), f...		75
3.	Um, par-tout (air), h..	2	25
4.	C'est toujours (rom^e), f.	1	50
5.	Paradis de Mahom. (air), h.		75

Suite des AIRS, DUOS, ETC.,
DÉTACHÉS D'OPÉRAS,
AVEC ACCOMPAGNEMENT DE GUITARE OU LYRE.

		fr.	c.
6.	Toujours guidé (coup.), h.		75
7.	Quelle voix (scène), h.	2	25
8.	Je suis jeune et française (rondeau ajouté), f....	1	50

Michel-Ange.

1.	Douce mélancolie, avec trad. italienne (duo), 2 f.	2	25
2.	Amour, retrace-moi (air), h..............	1	50
3.	Son embarras me plait (duo), h. f	2	25
4.	En me jurant d'être fidèle (romance), f.		75
5.	A Venise, jeune fillette (barcarolle), h........		75
6.	Jeunes amants, qui d'amour (couplets), h....		75

MÉHUL. *Oriflamme.*

1.	Issu d'un noble chevalier (chanson), h......		75

KREUTZER. 2. Gardons-nous bien (ronde) 75

NICOLO. *Ruse inutile (la).*

1.	Ce doux regard (rond.), f.	1	50
2.	Lycas aimait (rom^e), h.		75
3.	Allons, j'accepte (duo), 2 h.	2	25
4.	Aimes tu ta (duo), h. f.	2	25
5.	Toi qui portes (rom^e), f.		75
6.	Le bon vin (chanson), h.		75

MÉLESVILLE. *Visite à Bedlam (vaudev.).*

1.	Une sur-tout fraiche et jolie (couplets)........		75
2.	Enfin donc un ciel plus doux (couplets).......		75

~~~~~~~~~

Petits Airs italiens en recueil,
AVEC TRADUCTION FRANÇAISE,
ET ACCOMPAGNEMENT DE GUITARE OU LYRE.

CANZONCINE.

NICOLO. *Premier recueil.*

		fr.	c.
1.	{ Bei labbri che amore.... / Toujours, ma Zélie.... }		
2.	{ Mio ben ricordati...... / Je t'abandonne, hélas!.. }		
3.	{ Ch'io mai vi possa..... / L'amour m'engage..... }		
4.	{ Alla stagion novella..... / Dès la saison nouvelle... }	3	
5.	{ Luci adorabili.... / Pour toi, Thémire...... }		
6.	{ Deh pietoso dio d'amore. / Dieu d'amour, ah!...... }		
~~~~~~~~~

Romances détachées,

Avec accompagnement de Guitare ou Lyre, à 75 cent.,

PAR ORDRE ALPHABÉTIQUE DES PREMIÈRES PAROLES.

Voyez les mêmes pour forté-piano sous les mêmes numéros, par ordre alphabétique d'auteurs.

N°.	AUTEURS.	TITRES DES ROMANCES.	PREMIÈRES PAROLES.
33	BUTIGNOT.	A une jolie Dévote....	Au souffle amoureux.
91	BEGREZ.	Adieu Plaisir, adieu Folie	Adieu plaisir, adieu folie.
86	CORNELY.	Le Refrain du Provincial.	A Paris tout plaisir.
158	CORNU.	Les Adieux..........	Adieu paisible indiffér.
57	DURIVAGE.	Ma Vie............	A chaque instant.
147	DUTEIL.	Accourez, Dieux des bois	Accourez, dieux des bois.
161	GABAT (Fab.)	Mes Souhaits.........	Au fond d'un champêtre.
194	GATAYES.	Cruelle Vérité........	Ah! s'il fallait purger le.
195	———	Elle l'aima toujours....	Adieu, je vais en Palest.
100	JARDIN.	La Bergère délaissée....	A peine eus-je atteint l'âge
62	KREUBÉ.	Le petit Auvergnat....	Ah! laissez-moi.
10	LAMBERT.	Au bord d'un clair ruiss.	Au bord d'un clair, etc.
103	———	Ronde de Désaugiers..	Allons, mettons-nous en train.
165	———	L'Ermite............	Au fonds de ces arbres.
166	LEONZO.	Le vieux Ménestrel	Approchez-vous, jeunes fillettes.
188	MEREAUX.	Eginard au champ d'honneur............	Adieu, bonheur, plaisirs, douce patrie.
53	NICOLO.	Canzoncine..........	Alla Stagion novella. Dès la saison nouvelle.
12	PLANTADE.	Arthur et Lucy.......	Au bord d'une mer écumante.
17	———	Edwin et Emma.......	Au fond d'une sombre vallée.
183	———	La Barque de deuil....	Approchez-vous, belles, venez m'entendre.
81	RODE.	Stances sur l'air chanté par Mᵉ Catalani......	Art divin, puissante harmonie.
132	ROMAGNÉSI.	Le Géant............	Au temps jadis fut une belle.
95	ST.-AMANS.	Ce qu'il faut pour plaire.	Amour l'a dit, Lise sera.
125	WEISKOPFF.	Les Embarras du Sergent-Major..........	Ah! grand Dieu, qu'on a de peine.
4	CHAUVET.	A Laure............	Barde immortel, amant.
186	CORNU.	Le Tourtereau repentant	Belle tourterelle, reconn.
52	NICOLO.	Canzoncine..........	Bei labbri che amore. Toujours, ma Zélie.
153	ANSON.	Aurélie............	Ce qui te pare, ô riante.
172	———	Couleur de rose.......	Couleur de rose.
93	BEGREZ.	Ruben et Bala	C'en est fait, j'ai cessé de.
68	CARAFA.	Le Départ..........	C'en est fait.
89	GATAYES.	Petit à petit l'oiseau fait son nid..........	Comme les rayons du soleil.
105	———	Consigne à mon Chien..	Compagnon soumis de.
111	———	Songe d'Amour... ...	C'était dans la saison des.
101	JARDIN.	Mort d'Atala.......	C'est ainsi que la plaint
109	LAMBERT.	Le Montagnard émigré.	Combien j'ai douce souvenance.
135	LE MYRE.	Id. à 2 voix..........	Id.
51	NICOLO.	Canzoncine..........	Ch'io mai vi possa. L'amour m'engage.
14	PLANTADE.	Le Fantôme ou l'Angelus	Ce jour-là.
15	———	Le Pressentiment......	C'était l'hiver.
69	RODE.	Cœurs trop sensibles...	Cœurs, etc.
26	SPONTINI.	Le premier Chagrin d'Amour............	Calme si doux de mon enfance.
28	———	La contrainte	Conçois-tu?
38	WACHER.	Pour Toi............	Ce que je desire et que.
154	ANSON.	Le Souvenir.........	Doux souvenir, je chéris.
173	ANSON.	Portrait d'un Français..	Du Français fidèle ass
56	BUTIGNOT.	Depuis long-temps.....	Depuis long-temps.
37	BERTON.	La Feuille morte......	Dans mon sein, tu vien
64	CARAFA.	De la Douceur........	De la douceur.
67	———	Le Souvenir..........	Doux souvenir.
139	CORNU.	Le Chant d'un Troubad' béarnais..........	Du Béarn un troubad chantait.
185	———	Depuis long-temps.....	Depuis long-temps, trois mots à vous d
148	DUTEIL.	De mon Berger volage.	De mon berger volag
192	FREY.	Vous qui priez, priez pour.	Dans la solitaire bourg
118	GATAYES.	L'Art d'Aimer........	Dieu des amants.
124	———	Dès qu'on n'a plus d'arg.	Dès qu'on n'a plus d'a
149	———	Ma Cousine..........	De ma cousine, capr
157	———	Que voulez-vous que j'y fasse ?............	Dans c'monde chac son goût.
29	KREUBÉ.	Le Tombeau..........	Dans un désert loin hameau.
55	NICOLO.	Canzoncine...........	Deh! Pietoso dio d'am Dieu d'amour, ah!
13	PLANTADE.	Paola...............	Dans un canton de W phalie.
76	———	Dans le printemps de mes années.........	Dans le printemps.
78	———	Le Gondolier amoureux.	Dans une barque lég
79	———	L'Accueil............	D'un accueil qui m'en
134	ROMAGNESI.	L'Inconstance.........	Depuis qu'une aman
39	WACHER.	La Solitude..........	Dans mon solitaire s
97	VERON.	L'Amant heureux.....	Dans un coin de la te
34	BUTIGNOT.	En te quittant........	En te quittant.
141	CORNU.	Le Page.............	Était pauvre page.
115	GATAYES.	Elle et Moi..........	Elle ne peut vivre san
152	MÉLESVILLE.	Vaudeville d'une visite à Bedlam, n° 2.......	Enfin donc un ciel doux.
21	NICOLO.	A Lise.............	En amour combien diffère.
16	PLANTADE.	Lucie et Colin	Écoutez-moi, faciles b
48	KREUTZER.	Les Regrets..........	Fanez vous.
85	LE VASSEUR.	L'Esprit des Troubadours	Faire voudrais, belle M
121	PLANTADE.	Chant d'un bon Français.	Français, enfin voilà l
126	RODE.	Fleur mourante et solitre	Fleur, etc.
114	KREUTZER.	Ronde de nuit (voy. l'Oriflamme)..........	Gardons-nous bien.
138	CORNU.	Le curieux..........	Hier soir sur l'herbet
127	RODE.	Heure du soir........	Heure paisible, heure soir.
36	BERTON.	La Chapelle de l'Amour.	Il est un culte sur la
63	CARAFA.	Il fut un temps.......	Il fut un temps.
184	FREY.	Romance marotique....	Ivresse inconnue agi
8	JADIN.	A ma Sonnette........	Il est temps, ma cl sonnette.
35	MÉHUL.	Raoul..............	Issu d'un noble cheva
23	NICOLO.	Ode anacréontique.....	Image à la modestie.
174	ANSON.	J'étais heureux........	J'étais heureux.
190	———	Je m'abusais..........	Je m'abusais quand.
32	BUTIGNOT.	Je songe à toi........	Je songe à toi.
180	CORNU.	Les trois Âges de l'Amour	J'aime l'amour dans
177	FREY.	Romance d'Adriani....	J'ai cru tous mes bea
197	———	Je pense à toi........	Je pense à toi dès qu
3	GUSTAVE.	La Montagne.........	Je reviendrai.

Suite des Romances détachées, avec accompagnement de Guitare ou Lyre,

PAR ORDRE ALPHABÉTIQUE DES PREMIÈRES PAROLES.

N°.	AUTEURS.	TITRES DES ROMANCES	PREMIÈRES PAROLES.
90	Gatayes.	Je n'aimais plus........	Je n'aimais plus (pauvres amants).
112	——	Les petits Soins.......	Je plains celui qui trop.
119	——	Jamais, jamais.........	Jamais, disait à son amie.
77	Plantade.	A Toi................	Je t'aime, hélas !
87	Quatremère.	Les Adieux d'un jeune Guerrier..........	Je pars, je vole où la gloire.
73	Wacher.	La Marchande de Rubans	Je suis marchande de rubans.
7	Aimé.	Non.................	La jeune Lisette.
189	Anson.	Les Gueux..........	Les gueux sont les gens.
60	Butignot.	Le Tournoi.........	Le cor bruyant.
110	Chapelle.	Romance à deux notes..	L'amour après mainte.
137	Cornu.	Lucas.............	Lucas baigné de larmes.
159	——	Les adieux d'Oscar à Mal.	Le cor retentit dans les.
181	——	Chant d'un Pasteur....	L'autre jour sous l'omb.
187	——	Larmes d'amour.......	Larmes d'amour ne sont
18	Durivage.	Les 4 Saisons de la vie..	Lorsqu'à l'âge.
146	Duteil.	Arthur............	Le noble Arthur fut aimé.
156	Gatayes.	Jadis et Aujourd'hui...	Lorsque j'aimais au print.
196	——	Le Demi-Jour........	Le demi-jour.
163	Garat (Fab.)	Ne pouvez-vous l'entendre?..........	Lorsqu'un amant bien tendre.
108	Lambert.	Lucas.............	Lucas baigné de larmes.
167	Leonzo.	Le Déclin du jour.....	L'astre brillant de la lum.
170	——	Le Page (o l'amante disperato)........	Le noble Artus, loin d'une belle.
20	Martinn.	Lorsque tout me rappelle	Lorsque tout, etc.
43	——	Regrets d'un Troubad".	Las, j'allais voir.
22	Nicolo.	La Nuit, le Jour......	La nuit, le jour, mon cœur. / Luci adorabili.
54	——	Canzoncine..........	Pour toi, Thémire.
74	Plantade.	Lise................	Lise, sens-tu comme il palpite!
75	——	Le Lever du Jour.....	Le feu des étoiles.
96	St.-Amans.	L'Inconstance et le Souvenir.............	Le papillon trop inconstant.
71	Wacher.	Jeanne d'Arc.........	L'anglais vainqueur dans les plaines.
193	Gatayes.	Les Guerriers et les Belles	Mars a vaincement plus.
99	Jardin.	A la mémoire de Grétry.	Muses, prenez vos voiles funèbres. / Mio ben ricordati.
50	Nicolo.	Canzoncine..........	Je t'abandonne, hélas !
106	Plantade.	Le Rêve nègre........	Moi rêver douce amie.
144	Cornu.	Les Orphelins (en duo).	Nous venons du haut M.
179	Droling.	Ne le crois pas.......	Ne le crois pas quand on.
176	Frey.	St. Louis en Égypte....	Nobles croisés sans plus
162	Garat (Fab.)	N'ayez pas peur.......	N'ayez pas peur, on veut seulement vous le dire.
1	Gustave.	La Défiance.........	Ne le croyez pas.
31	Kreubé.	Le mal d'Amour......	N'avoir qu'une seule pen.
175	Anson.	Je sais aimer........	O toi dont l'aimable.
160	Cornu.	Les Regrets de Malvina.	On dit que je suis belle.
113	Gatayes.	O Toi qui d'un Amour.	O toi qui d'un amour si.
116	——	La Curieuse........	On ne me laisse en vérité.
164	——	Mes Regrets.........	O jours heureux de ma.
49	Kreutzer.	L'Indifférence.......	O tranquille indifférence.
155	Anson.	Près d'un ruisseau.....	Près d'un ruisseau.
92	Becquez.	Le pouvoir de la Musiq".	Présent du ciel.
140	Cornu.	A une Infidèle.......	Pourquoi troubler.
24	Dufresne.	Le petit Joueur de Violon	Plaignez le sort.
46	Dusseck.	Romance à 3 notes....	Par les amours.
58	Durivage.	Les Souvenirs........	Plein de ton image.
88	Gatayes.	Les 3 prem. signes d'am".	Premier regard d'une.
117	Gatayes.	Où la trouver........	Pour calmer le besoin.
122	——	La main............	Pour la guider, c'est par.
47	Kreutzer.	Ma Promenade........	Par-tout si je me promèn.
11	Lambert.	Pour moduler........	Pour moduler.
61	Paulin.	L'Orage et le Pèlerin...	Pour adoucir.
70	Rode.	Romance............	Pourquoi troubler.
102	Rieger.	La Plainte d'Amour....	Plaignez mon sort, partagez ma tristesse.
182	Cornu.	Romance d'une relig^se.	Quelle solitude profonde
145	Duteil.	Tristan à Yseult.......	Que me fait si tu m'aimes.
59	Jadin.	La Confiance.........	Quand vous vantez.
30	Kreubé.	Les Regrets..........	Quand Lise était encore enfant.
107	Plantade.	Eginard au tombeau de son amie.	Que fais-tu là, valeureux chevalier.
25	Spontini.	L'Amour est tout......	Quand tu m'aimais.
72	Wacher.	Je vous hais.........	Qu'un autre chante, je vous aime.
45	Berton.	Sophie d'Isembourg....	Rassemblez-vous autour.
44	Dolbler.	Reviens, ô ma lyre....	Reviens, ô ma lyre.
80	Fauvel.	La Reine des Fleurs....	Reine des fleurs, charm^e.
104	Frey.	Le Retour de Syrie....	Relevé des plus nobles.
168	Leonzo.	Robert et Richard....	Robert, l'aîné des fils de France.
41	Radziwil.	Chanson à la Cosacca...	Rions, chantons.......
42	——	En réponse à la romance de Garat, je t'aime tant.	Redis-le-moi.
171	Anson.	Si j'étais petit papier..	Si j'étais petit papier.
191	——	Les Parques..........	Sages et fous, gueux et.
6	Chauvet.	Les Souhaits.........	Si le ciel.
123	Gatayes.	La Brouille et le Raccommodement......	Sur les effets et sur les causes.
9	Lambert.	Béarnaise............	Sommeil a fui.
133	Romagnési.	La Résignation........	Si mon cœur s'est laissé surprendre.
65	Carafa.	Romance............	Ta main charmante.
142	Cornu.	Les Plaintes d'un Troub".	Triste ramier de la mont.
83	Frey.	Rien ne m'est plus....	Tout me charmait par ta.
82	Gatayes.	Toujours, Toujours....	Toujours je te serai fidèl.
94	——	La Feuille tombée.....	Toi que les vents.
98	——	Les Coups...........	Tout homme ici bas.
128	——	La séparation (1er nocturne à 2 voix)......	Tu l'entends, un arrêt barbare.
129	——	Toi que l'amour (2e nocturne à 2 voix)......	Toi que l'amour forma.
130	——	Transport jaloux (3e nocturne à 2 voix)......	Transport jaloux, doul.
19	Nicolo.	Te voir.............	Te voir, c'est ce que je désire.
143	Cornu.	La Pensée............	Une pensée nous ramèn.
178	Frey.	Le Laurier et la Charrue	Un preux soldat au ret.
131	Gatayes.	Le Rêve de Clémentine.	Un songe heureux à mon.
2	Gustave.	Romance à trois notes..	Un jour dans une grotte.
151	Millesville.	Tra la la la, n° 1, d'une *Visite à Bedlam*....	Une sur-tout fraîche et jolie.
66	Carafa.	Romance............	Viens sur mon cœur.
5	Chauvet.	Le Voile............	Vois Laure.
136	Cornu.	Vous le voulez, Jenny.	Vous le voulez, Jenny.
150	Le Myre.	Sans la nommer.......	Vainement je fis la prem.
169	Leonzo.	Le Hussard (en trio ou à voix seule).........	Venez, jeunes fillettes, ne craignez pas.
84	Orhéno.	Les Regrets..........	Vais perdre ma tant douce amie.
27	Spontini.	L'heureuse Epouse.....	Vous qui vivez.
40	Wacher.	La Mort du Troubadour.	Vous qui portez une ame.
120	Gatayes.	Zélie est pour moi l'univ.	Zélie est pour moi l'univ.

Romances détachées, avec accompagnement de Guitare ou de Lyre,

SANS NUMÉROS ET NON GRAVÉES POUR LE PIANO, A 75 CENTIMES.

AMÉDÉE.	Chansonnette..........	Soupirait bergerette.
LE JOURDAN.	Nice..............	Dans les liens de la coquetterie.
QUATREMÈRE.	La Leçon........	Jeunes amants qui voulez plaire.

GALERIE OU PORTRAITS

DES VIOLONS ET LUTHIERS CÉLÈBRES,

MORTS ET VIVANTS,

Qui se sont distingués dans leur art, soit par des écrits scientifiques et des compositions musicales, soit par la construction et la belle manière de jouer de leur instrument, ouvrage périodique, format carré de jésus, propre à être mis en tête des œuvres de musique de ces artistes, ou encadré séparément.

Violons célèbres morts.

A. CORELLI.
Ant. VIVALDI.
Fr. GEMINIANI.
P. LOCATELLI.
I.-M. LE CLAIR.
G. TARTINI.
J.-P. GUIGNON, dit ROI DES VIOLONS.
N. MESTRINO.
P. GERVAIS.
P. NARDINI.
F. GIARDINI.
G. PUGNANI.
P. GAVINIÈS.

Violons célèbres vivants.

J.-B. VIOTTI.
B. BRUNI.
P. RODE.
J.-B. CARTIER.
A. ROLLA.
F. BLASIUS.
R. KREUTZER.
P. BAILLOT.
J.-J. GRASSET.
Ph. LIBON.
C.-P. LAFONT.
FIORILLO (*sous presse*).

Luthiers morts.

G. DUIFFOPRUGCAR.

Luthiers vivants.

F. TOURTE.

Nota. On est à la recherche des portraits d'AMATI, STRADIVARIUS et GUAGNERIUS, etc., etc.
Le prix de la collection de ces 26 portraits est de 60 fr., et séparément 3 fr.